Coldplay

Por la Biblioteca Unida

https://campsite.bio/unitedlibrary

Índice

Descargo de responsabilidad

Este libro biográfico es una obra de no ficción basada en la vida pública de una persona famosa. El autor ha utilizado información disponible públicamente para crear esta obra. Aunque el autor ha investigado a fondo el tema y ha intentado describirlo con precisión, no pretende ser un estudio exhaustivo del mismo. Las opiniones expresadas en este libro son únicamente las del autor y no reflejan necesariamente las de ninguna organización relacionada con el tema. Este libro no debe tomarse como un aval, asesoramiento legal o cualquier otra forma de consejo profesional. Este libro ha sido escrito únicamente con fines de entretenimiento.

Introducció

Coldplay invita a los lectores a adentrarse en el cautivador
mundo de una de las bandas más exitosas e influyentes
del siglo XXI. Desde sus humildes comienzos como amigos
universitarios hasta su meteórico ascenso al estrellato
mundial, esta completa biografía explora el fascinante
viaje de Coldplay.

Formada en Londres en 1997, Coldplay está compuesta
por Chris Martin, Jonny Buckland, Guy Berryman, Will
Champion y el director creativo Phil Harvey. El libro se
adentra en sus inicios, cuando tocaban bajo varios
nombres, entre ellos Big Fat Noises y Starfish. Traza su
evolución musical, desde el lanzamiento independiente
de su extended play debut "Safety" en 1998 hasta su
fichaje por Parlophone en 1999.

El gran avance de la banda se produjo con su álbum de
debut, "Parachutes" (2000), que incluía el icónico sencillo
"Yellow". El libro lleva a los lectores a través de la
creación de álbumes posteriores como "A Rush of Blood
to the Head" (2002) y "X&Y" (2005), que solidificaron su
estatus como actores principales de la industria musical.
El sonido de Coldplay siguió evolucionando y su cuarto
álbum, "Viva la Vida or Death and All His Friends" (2008),

mostró su diversidad musical y se ganó el aplauso de la crítica.

"Music of the Spheres" (2021), el álbum de estudio más reciente de la banda, marcó otro capítulo en su viaje musical, incorporando una fusión de estilos que van de la electrónica a la clásica. El libro explora la profundidad temática de cada álbum, arrojando luz sobre el proceso creativo de la banda y su capacidad para cautivar a los oyentes con sus eufóricas y envolventes actuaciones en directo.

Este libro también profundiza en los extraordinarios logros de la banda, entre los que se incluyen 100 millones de álbumes vendidos en todo el mundo, giras que baten récords, numerosas nominaciones y victorias en los Brit Awards y su revolucionario impacto en la escena musical alternativa. El libro destaca la capacidad de Coldplay para trascender los géneros, incorporando a su música elementos de pop, rock, R&B y sonidos progresivos.

Con una investigación meticulosa y un análisis perspicaz, esta biografía ofrece una mirada íntima a las vidas personales y profesionales de los miembros de la banda. Celebra su arte, explora sus influencias y profundiza en las historias que se esconden tras sus canciones más queridas. "Coldplay: Una odisea musical" es una lectura esencial tanto para los fans como para los entusiastas de la música, ya que ofrece un retrato exhaustivo de una

banda que ha dejado una huella indeleble en el panorama musical, inspirando a generaciones con sus melodías conmovedoras y sus letras que invitan a la reflexión.

Coldplay

Coldplay es una banda de rock británica formada en Londres en 1997. Están formados por el vocalista y pianista Chris Martin, el guitarrista Jonny Buckland, el bajista Guy Berryman, el batería Will Champion y el director creativo Phil Harvey. Se conocieron en el University College de Londres y empezaron a tocar juntos entre 1997 y 1998, haciéndose llamar inicialmente Big Fat Noises y más tarde Starfish.

Tras publicar de forma independiente un extended play, *Safety* (1998), Coldplay firmó con Parlophone en 1999. El álbum de debut de la banda, *Parachutes (2000)*, incluía su single revelación "Yellow" y recibió un Brit Award al Álbum Británico del Año, un Grammy al Mejor Álbum de Música Alternativa y una nominación al Mercury Prize. Su segundo álbum, *A Rush of Blood to the Head (2002)*, obtuvo los mismos galardones e incluyó el sencillo "Clocks", que ganó un premio Grammy a la Grabación del Año. El tercer álbum de la banda, *X&Y (2005)*, que completaba lo que la banda consideraba una trilogía, y su cuarto álbum, *Viva la Vida or Death and All His Friends* (2008), fueron ambos nominados al Premio Grammy al Mejor Álbum de Rock, ganando este último; ambos álbumes fueron los más vendidos de sus respectivos años, encabezando las listas en más de 30 países. *Viva la Vida* también fue nominado a Álbum del Año, mientras que su canción principal se convirtió en el primer sencillo de un grupo británico en alcanzar simultáneamente el número uno en el Reino Unido y en Estados Unidos en el siglo XXI.

Coldplay diversificó aún más su sonido a lo largo de sus siguientes cinco álbumes de estudio, el más reciente *Music of the Spheres* (2021). Cada álbum presentaba un tema único y añadía nuevos estilos musicales al repertorio original de la banda, como la electrónica, el ambient, el pop, el R&B, la música clásica y el rock progresivo. También son conocidos por sus "eufóricas" y "envolventes" actuaciones en directo, de las que *NME* dijo que es cuando la banda "cobra vida y tiene más sentido". En 2018, se estrenó en cines seleccionados un documental que abarca toda su carrera, dirigido por Mat Whitecross, con motivo del 20 aniversario de la banda.

Con 100 millones de álbumes vendidos en todo el mundo, Coldplay es uno de los grupos musicales más vendidos de todos los tiempos. Según Fuse, son el sexto grupo más premiado de la historia, lo que incluye el mayor número de nominaciones y victorias en los Brit Awards para una banda. Otros logros notables incluyen la séptima gira más taquillera de todos los tiempos, tres de los 50 álbumes más vendidos en el Reino Unido, el mayor número de álbumes número uno en el país sin faltar nunca a la cima, y convertirse en el primer grupo británico en debutar en el número uno del *Billboard* Hot 100. Coldplay está considerado uno de los grupos más influyentes del siglo XXI, y *Forbes* los describe como el estandarte de la escena musical alternativa actual. El Salón de la Fama del Rock and Roll incluyó *A Rush of Blood to the Head* en su lista de "200 álbumes definitivos" y el sencillo "Yellow" forma parte de su exposición "Songs That Shaped Rock and Roll" por ser una de las grabaciones más exitosas e importantes de la industria musical. A pesar de su popularidad e impacto, Coldplay se han ganado la reputación de iconos musicales polarizantes.

Historia

1997-1999: Formación y primeros años

Chris Martin y Jonny Buckland se conocieron durante su semana de orientación en el University College de Londres, en septiembre de 1996. Empezaron a componer sus primeras canciones juntos a principios de 1997 y practicaban todas las noches. Guy Berryman fue el tercer miembro que se unió a la banda en los meses siguientes y grabaron varias maquetas sin batería, llamándose Big Fat Noises en noviembre. En 1998, Will Champion completó la formación. Explicó que Martin, Buckland y Berryman habían ido a su casa porque un compañero de piso tenía una batería y era un buen baterista, pero no había aparecido, "así que me dije que lo intentaría".

Champion programó la primera actuación en directo del grupo sólo unos días después de formar parte de él. Aún no habían elegido un nombre apropiado y se hicieron llamar Starfish para el espectáculo, que se celebró el 16 de enero de 1998 en The Laurel Tree, en Camden. Semanas después, el nombre de Coldplay estaba decidido. En mayo de 1998, la banda publicó *Safety*, un EP independiente financiado por Phil Harvey, amigo de toda la vida de Martin. De 500 copias prensadas, 150 salieron al mercado. Harvey vendió la primera a su compañero de piso por 3 libras y el resto se regaló a sellos discográficos.

Como Martin se quejaba del "control como un vicio" que uno de los promotores de Camden ejercía sobre la banda, Harvey sugirió al grupo que reservara su propio concierto en Dingwalls, donde consiguieron vender 50 copias de *Safety*. Se considera que fue entonces cuando Harvey empezó a dirigir a Coldplay y más tarde abandonó su carrera de Estudios Clásicos en el Trinity College de Oxford para trabajar. Se programaron más conciertos a lo largo del verano, incluidos dos con Keane. En una ocasión, Martin invitó a Tim Rice-Oxley a ser el teclista de Coldplay, pero "cuando volvimos a hablar de ello un par de semanas más tarde, dijo que el resto de la banda no estaba dispuesta a añadir un miembro más". En septiembre de 1998, formaron parte del escaparate In the City de Manchester y fueron descubiertos por la cazatalentos de A&R Debs Wild. A *Safety* le siguió una maqueta en casete con "Ode to Deodorant" y "Brothers & Sisters".

Wild informó a Caroline Elleray, de BMG Publishing, y al abogado musical Gavin Maude sobre el grupo. La primera habló con Dan Keeling de Parlophone pero éste ya había pasado de ellos. Mientras tanto, el segundo habló con Simon Williams, de Fierce Panda Records, quien a su vez se lo comunicó a Steve Lamacq, de BBC Radio. El 3 de enero de 1999, Coldplay se convirtió en el primer acto sin firmar invitado en la *Evening Session* de Lamacq. Un mes más tarde, llegaron a un breve acuerdo con Fierce Panda y volvieron a grabar "Brothers & Sisters". Otras seis discográficas les ofrecieron un contrato a medida que crecía la popularidad de la banda, pero querían a Parlophone, lo que llevó a Elleray a ponerse en contacto con Keeling una vez más. Éste cambió de opinión y el acuerdo se firmó en Trafalgar Square en abril de 1999, el mismo mes en el que se publicó "Brothers & Sisters" como sencillo. En los días siguientes estudiaron para los exámenes finales de la UCL.

El 27 de junio de 1999, Coldplay hizo su primera aparición en el Festival de Glastonbury en la Carpa de las Nuevas Bandas. Más tarde grabaron *The Blue Room, del que* se prensaron 5.000 copias que se vendieron al público. Sus sesiones estaban pensadas originalmente para *Parachutes* (2000) pero acabaron convirtiéndose en tumultuosas, ya que Martin y Champion mantuvieron acaloradas discusiones sobre las habilidades de este último como batería: "Tres días después, los demás nos sentíamos miserables, [...] le pedimos que volviera. Me hicieron tomar mucho vodka y zumo de arándanos en recuerdo de lo desagradable que estaba siendo". Después de resolver sus diferencias, la banda empezó a trabajar en democracia, estableció un nuevo conjunto de normas y declaró que cualquiera que consumiera drogas duras sería expulsado del grupo inmediatamente, una decisión inspirada en actos como R.E.M. y U2.

2000-2001: *Paracaídas*

En un principio, la banda planeó grabar su álbum de debut, *Parachutes,* en el plazo de dos semanas. Sin embargo, debido a las giras y otras actuaciones en directo, la grabación tuvo lugar entre septiembre de 1999 y abril-mayo de 2000. El álbum se grabó en los Rockfield Studios, los Matrix Studios y los Wessex Sound Studios con el productor Ken Nelson, aunque la mayoría de los temas de Parachutes se grabaron en los Parr Street Studios de Liverpool (donde utilizaron tres salas de estudio). El ingeniero estadounidense Michael Brauer, en Nueva York, mezcló todas las canciones del álbum. Durante ese tiempo tocaron en la gira Carling Tour, que presentaba a grupos prometedores.

Tras publicar dos EP sin una canción de éxito, Coldplay consiguió su primer éxito en el Top 40 con el single principal de *Parachutes*, "Shiver", que se publicó en marzo de 2000, la misma semana en que Coldplay actuó en The Forum de Tunbridge Wells teloneando al grupo Terris como parte de la gira NME Premier Tour. "Shiver" alcanzó el puesto número 35 en la lista de singles del Reino Unido. Junio de 2000 fue un momento crucial en la historia de Coldplay: la banda se embarcó en su primera gira como cabeza de cartel, incluyendo una actuación en el Festival de Glastonbury. La banda también lanzó el sencillo "Yellow"; fue el primer lanzamiento de Coldplay que alcanzó los cinco primeros puestos y llegó al número cuatro de la lista UK Singles Chart. El minimalista vídeo musical de "Yellow" se rodó en la bahía de Studland, en Dorset, y presentaba a Martin cantando la canción en una sola toma continua mientras caminaba por la playa. "Yellow" y "Shiver" se publicaron inicialmente como EP en la primavera de 2000. La primera se publicó como sencillo en el Reino Unido el 26 de junio de 2000. En Estados Unidos, la canción se publicó como sencillo principal del álbum debut, entonces sin título. En octubre de 2000, la canción se envió a emisoras de radio universitarias y alternativas de Estados Unidos.

Coldplay publicó *Parachutes* el 10 de julio de 2000 en el Reino Unido a través de su sello discográfico, Parlophone. El álbum debutó en el número uno de la lista de álbumes del Reino Unido. En Norteamérica, el sello discográfico Nettwerk lo publicó el 7 de noviembre de 2000. El álbum ha estado disponible en varios formatos desde su lanzamiento inicial; tanto Parlophone como Nettwerk lo publicaron como CD en 2000, y también fue editado como casete por el sello estadounidense Capitol en 2001. Al año siguiente, Parlophone publicó el álbum como LP. De *Parachutes se* publicaron cuatro sencillos, entre ellos "Shiver" y "Yellow", que gozaron de popularidad en el Reino Unido y Estados Unidos. El tercer sencillo fue

"Trouble", que alcanzó el número 10 en las listas del Reino Unido. Se publicó más de un año después en EE.UU. y alcanzó el número 28 en la lista Alternative Songs. En diciembre de 2001, la banda lanzó un CD de edición limitada, *Mince Spies*, con una remezcla de "Yellow" y la canción navideña "Have Yourself a Merry Little Christmas". Se prensaron 1.000 copias y se distribuyó únicamente a fans y periodistas.

Parachutes fue nominado al Mercury Music Prize en septiembre de 2000. Tras haber encontrado el éxito en Europa, el grupo puso sus miras en Norteamérica, publicando el álbum allí en noviembre de 2000, y comenzó la *gira US Club Tour* en febrero de 2001. En los Brit Awards de febrero de 2001, Coldplay obtuvo los premios al mejor grupo británico y al mejor álbum británico. Aunque *Parachutes* fue un éxito lento en Estados Unidos, finalmente alcanzó el estatus de doble platino. El álbum fue bien recibido por la crítica y obtuvo el galardón al Mejor Álbum de Música Alternativa en los Premios Grammy 2002. Chris Martin declaró tras el lanzamiento de *Parachutes* que el éxito del álbum pretendía elevar el estatus de la banda a la "mayor y mejor banda del mundo". Después de dirigir la banda en solitario hasta principios de 2001, Harvey dimitió debido al estrés de tener que realizar tareas que normalmente requieren un equipo de personas. Se convirtió en el director creativo del grupo y a menudo se hace referencia a él como su quinto miembro; Dave Holmes le sustituyó como mánager.

2002-2004: *Un torrente de sangre en la cabeza*

Tras el éxito de *Parachutes*, Coldplay volvió al estudio en septiembre de 2001 para empezar a trabajar en su segundo álbum, *A Rush of Blood to the Head, de* nuevo con Ken Nelson como productor. Tuvieron problemas para concentrarse en Londres y decidieron trasladarse a Liverpool, donde grabaron algunas de las canciones de *Parachutes*. Una vez allí, el vocalista Chris Martin dijo que se obsesionaron con la grabación. "In My Place" fue la primera canción grabada para el álbum. La banda la lanzó como single principal del álbum porque fue el tema que les hizo querer grabar un segundo álbum, tras un "extraño periodo de no saber realmente lo que estábamos haciendo" tres meses después del éxito de *Parachutes*. Según Martin "una cosa nos hizo seguir adelante: grabar 'In My Place'. Luego empezaron a llegar otras canciones".

La banda compuso más de 20 canciones para el álbum. Parte de su nuevo material, incluyendo "In My Place" y "Animals", fue tocado en directo mientras la banda aún estaba de gira con *Parachutes*. El título del álbum se reveló a través de un post en la página web oficial de la banda. El álbum salió a la venta en agosto de 2002 y dio lugar a varios singles populares, como "In My Place",

"Clocks" y la balada "The Scientist". Esta última se inspiró en "All Things Must Pass" de George Harrison, que se publicó en 1970.

Coldplay estuvo de gira del 19 de junio de 2002 al 8 de septiembre de 2003 para la gira A Rush of Blood to the Head Tour. Visitaron cinco continentes, incluyendo fechas como cabezas de cartel en los festivales de Glastonbury, V2003 y Rock Werchter. Muchos conciertos mostraron una elaborada iluminación y pantallas individualizadas que recordaban a la Elevation Tour de U2 y a la Fragility Tour de Nine Inch Nails. Durante la extensa gira, Coldplay grabó un DVD y un CD en directo, *Live 2003*, en el Hordern Pavilion de Sydney. En los Brit Awards de 2003, celebrados en Earls Court, Londres, Coldplay recibió los premios al mejor grupo británico y al mejor álbum británico. El 28 de agosto de 2003, Coldplay interpretó "The Scientist" en los premios MTV Video Music Awards 2003, celebrados en el Radio City Music Hall de Nueva York, y obtuvo tres galardones.

En diciembre de 2003, los lectores de la revista *Rolling Stone eligieron* a Coldplay como el mejor artista y la mejor banda del año. En ese momento, la banda versionó la canción de 1983 de los Pretenders "2000 Miles" (que se podía descargar en su página web oficial). "2000 Miles" fue la descarga más vendida en el Reino Unido ese año, y los beneficios de las ventas se donaron a las campañas

Future Forests y Stop Handgun Violence. *A Rush of Blood to the Head* ganó el premio Grammy al mejor álbum de música alternativa en los Grammy de 2003. En los Grammy de 2004, Coldplay obtuvo el premio a la Grabación del Año por "Clocks".

2005-2007: *X&Y*

Coldplay pasó la mayor parte de 2004 fuera de los focos, tomándose un descanso de las giras y publicando un vídeo musical satírico de una canción de un grupo ficticio titulado The Nappies mientras grababan su tercer álbum. *X&Y* salió a la venta en junio de 2005 en el Reino Unido y Europa. Esta nueva fecha de lanzamiento retrasada había retrasado el álbum al siguiente año fiscal, y se culpó al lanzamiento tardío de una caída de las acciones de EMI. Se convirtió en el álbum más vendido de 2005 con unas ventas mundiales de 8,3 millones. El single principal, "Speed of Sound", debutó en la radio y en las tiendas de música en línea el 18 de abril y se publicó como CD el 23 de mayo de 2005. *X&Y entró en* las listas de álbumes de 20 países en el puesto número uno y fue el tercer álbum que más rápido se vendió en la historia de las listas del Reino Unido.

Ese año se publicaron otros dos singles: "Fix You" en septiembre y "Talk" en diciembre. La reacción de la crítica a *X&Y* fue mayoritariamente positiva, aunque algo menos entusiasta que la de su predecesor. El crítico del *New York*

Times Jon Pareles describió infamemente a Coldplay como "la banda más insufrible de la década", mientras que *NME* concedió al álbum 9/10 calificándolo de "Confiado, audaz, ambicioso, repleto de singles e imposible de contener, *X&Y no* reinventa la rueda pero sí refuerza a Coldplay como la banda de su tiempo". Las comparaciones entre Coldplay y U2 se convirtieron en algo habitual. Martin declaró que la crítica del álbum por parte del *New York Times* le hizo sentirse liberado, ya que "estaba de acuerdo con muchos de los puntos", y añadió que "en cierto modo, fue liberador ver que alguien más también se daba cuenta de ello".

De junio de 2005 a marzo de 2007, Coldplay realizó su gira Twisted Logic Tour, que incluyó fechas en festivales como Coachella, el Festival de la Isla de Wight, Glastonbury y el Austin City Limits Music Festival. En julio de 2005, la banda actuó en el Live 8 de Hyde Park, donde interpretó una versión de "Bitter Sweet Symphony" de The Verve con Richard Ashcroft a la voz. El 28 de agosto, Coldplay interpretó "Speed of Sound" en los premios MTV Video Music Awards de 2005 en Miami. En septiembre, Coldplay grabó una nueva versión de "How You See the World" con la letra reelaborada para el álbum benéfico *Help!* de War Child*: A Day in the Life, un* álbum benéfico de War Child. En febrero de 2006, Coldplay obtuvo los galardones al mejor álbum y al mejor sencillo en los Brit Awards.

Durante 2006 y 2007 se publicaron tres sencillos más, "The Hardest Part", "What If" y "White Shadows".

2008-2010: *Viva la vida o la muerte y todos sus amigos*

En octubre de 2006, Coldplay empezó a trabajar en su cuarto álbum de estudio, *Viva la Vida or Death and All His Friends*, con el productor Brian Eno. Tomándose un descanso de la grabación, la banda realizó una gira por Latinoamérica a principios de 2007, finalizando el Twisted Logic Tour mientras actuaba en Chile, Argentina, Brasil y México. Tras grabar en iglesias y otros locales de Latinoamérica y España durante su gira, la banda afirmó que el álbum probablemente reflejaría la influencia hispana. El grupo pasó el resto del año grabando la mayor parte del álbum con Eno.

Martin describió *Viva la Vida* como una nueva dirección para Coldplay; un cambio respecto a sus tres últimos álbumes, que la banda consideraba una "trilogía" que había terminado. Dijo que en el álbum aparecía menos su falsete, ya que permitía que el registro más grave de su voz tuviera prioridad. Algunas canciones, como "Violet Hill", contienen riffs de guitarra distorsionados y matices de blues.

"Violet Hill" se confirmó como el primer sencillo, con fecha de lanzamiento en la radio el 29 de abril de 2008. Tras la primera reproducción, se pudo obtener gratuitamente en el sitio web de Coldplay a partir de las 12:15 pm (GMT +0) durante una semana, hasta que estuvo disponible comercialmente el 6 de mayo. "Violet Hill" entró en el Top 10 del Reino Unido, en el Top 40 de Estados Unidos y obtuvo buenos resultados en el resto del mundo. La canción que da título al disco, "Viva la Vida", también se publicó en exclusiva en iTunes, y se convirtió en el primer sencillo número uno del grupo tanto en la lista *Billboard* Hot 100 de EE.UU. como en las listas oficiales del Reino Unido. Coldplay interpretó la canción en directo por primera vez en los MTV Movie Awards 2008 el 1 de junio. "Viva la Vida" se convirtió en la canción más vendida de iTunes en 2008.

Tras su lanzamiento, *Viva la vida o la muerte y todos sus amigos* encabezó las listas de álbumes de todo el mundo y fue el disco más vendido de 2008. Alcanzó el número uno en la lista de álbumes del Reino Unido a pesar de haber salido al mercado sólo tres días antes. En ese tiempo, vendió 302.000 copias, siendo "uno de los álbumes de venta más rápida en la historia del país". A finales de junio, había establecido un nuevo récord de álbum más descargado de la historia. En octubre de 2008, Coldplay ganó dos premios *Q al* mejor álbum por *Viva la Vida or Death and All His Friends* y a la mejor actuación del mundo en la actualidad. El 9 de noviembre, Coldplay fue nombrado Mejor Acto del Mundo de 2008 en los World Music Awards de Montecarlo. También recogieron otros dos galardones: Acto de rock más vendido del mundo y Acto más vendido de Gran Bretaña. La banda dio continuidad a *Viva la Vida or Death and All His Friends* con el EP *Prospekt's March*, que salió a la venta el 21 de noviembre de 2008. La obra extendida incluye canciones de las sesiones del álbum y originalmente se puso a la venta por sí sola, mientras que el álbum se reeditó con todas las pistas del EP incluidas en un disco extra. "Life in Technicolor II" fue el único sencillo publicado.

Coldplay comenzó su gira Viva la Vida Tour en junio con un concierto gratuito en la Brixton Academy de Londres. A éste le siguió, dos días después, una actuación de 45 minutos que se retransmitió en directo desde el exterior del Centro de Televisión de la BBC. Lanzada a finales de 2008, "Lost!" se convirtió en el tercer sencillo del álbum, con una nueva versión con Jay-Z llamada "Lost+". Tras interpretar el set de apertura el 14 de marzo de 2009 para Sound Relief en el Sydney Cricket Ground, Coldplay encabezó un concierto con todas las entradas agotadas esa misma noche. Sound Relief es un concierto benéfico para las víctimas de la crisis de los incendios forestales de Victoria y las inundaciones de Queensland. El 4 de diciembre de 2008, Joe Satriani presentó una demanda por infracción de derechos de autor contra Coldplay ante el Tribunal de Distrito de Estados Unidos para el Distrito Central de California. La demanda de Satriani afirmaba que la canción de Coldplay "Viva la Vida" incluye "partes originales sustanciales" de la canción de Satriani "If I Could Fly" de su álbum de 2004, *Is There Love in Space?* La canción de Coldplay en cuestión recibió dos premios Grammy a la "Canción del Año". La banda negó la acusación. Finalmente se llegó a un acuerdo no especificado entre las partes.

Coldplay fueron nominados a cuatro premios en los Brit Awards 2009: Grupo Británico, Acto en Directo Británico, Sencillo Británico ("Viva la Vida") y Álbum Británico (*Viva la Vida or Death and All His Friends*). En la 51ª edición de los premios Grammy del mismo año, Coldplay ganó tres premios Grammy en las categorías de Canción del Año por "Viva la Vida", Mejor Álbum de Rock por Viva la Vida or Death and All *His Friends*, y Mejor Interpretación Vocal Pop por un Dúo o Grupo por "Viva la Vida". En varios conciertos de la gira se grabó un álbum en directo titulado *LeftRightLeftRightLeft*. *LeftRightLeftRightLeft*, publicado el 15 de mayo de 2009, se iba a regalar en los conciertos restantes de su gira Viva la Vida Tour. Se lanzó como descarga gratuita desde su página web. Tras la gira Viva la Vida Tour, Coldplay anunció otra "gira latinoamericana" que tendría lugar en febrero y marzo de 2010, en la que visitarían México, Argentina, Brasil y Colombia. En octubre de 2009, Coldplay ganó el premio a la Canción del Año por "Viva la Vida" en los Premios de la Sociedad Americana de Compositores, Autores y Editores (ASCAP), celebrados en Londres. En diciembre de 2009, los lectores *de Rolling Stone* votaron al grupo como el cuarto mejor artista de la década de 2000, también fueron incluidos en la lista de *Q* de artistas del siglo. En diciembre de 2010, el grupo lanzó "Christmas Lights". La canción recibió críticas muy positivas, y el vídeo musical cuenta con un cameo del actor Simon Pegg, amigo íntimo de Chris Martin, que interpreta de fondo a un imitador de Elvis que toca el violín.

2011-2012: *Mylo Xyloto*

La banda terminó de grabar el nuevo álbum a mediados de 2011. Cuando Martin y Champion fueron entrevistados por la BBC Radio y les preguntaron por los temas líricos del álbum, Martin respondió: "Trata sobre el amor, la adicción, el TOC, la evasión y trabajar para alguien que no te gusta". Cuando se les preguntó si su quinto álbum saldría o no para el verano, Martin y Champion dijeron que quedaba mucho trabajo por hacer antes de lanzarlo. Confirmaron varias apariciones en festivales antes de su fecha de lanzamiento, incluido un puesto de cabeza de cartel en el Festival de Glastonbury 2011, T in the Park, Austin City Limits Music Festival, Rock in Rio y el festival Lollapalooza.

En una entrevista del 13 de enero de 2011, Coldplay mencionó que se incluirían dos nuevas canciones en su próximo quinto álbum, "Princess of China" y "Every Teardrop Is a Waterfall". En una entrevista de febrero, el presidente de Parlophone, Miles Leonard, declaró a HitQuarters que la banda seguía en el estudio trabajando en el álbum y que esperaba que la versión final apareciera "hacia el otoño de este año". El 31 de mayo de 2011, Coldplay anunció que "Every Teardrop Is a Waterfall" era el primer sencillo del quinto álbum. Salió a la venta el 3 de junio de 2011. La banda presentó cinco nuevas canciones en festivales durante el verano de 2011, "Charlie Brown", "Hurts Like Heaven", "Us Against the World", "Princess of China" y "Major Minus".

El 12 de agosto de 2011, Coldplay anunció a través de su página web oficial que Mylo *Xyloto* era el título de su nuevo álbum y que saldría a la venta el 24 de octubre de 2011. El 12 de septiembre, la banda lanzó "Paradise", el segundo sencillo de su próximo álbum Mylo *Xyloto*. El 23 de septiembre de 2011 se pusieron oficialmente a la venta las entradas para la gira europea de Coldplay. La demanda resultó ser muy alta y la mayoría de las localidades se agotaron en cuestión de segundos. Mylo *Xyloto* salió a la venta el 24 de octubre de 2011, recibió críticas entre mixtas y positivas y encabezó las listas de éxitos en más de 34 países.

El 19 de octubre de 2011, Coldplay interpretó canciones en el memorial privado de Apple Inc. por Steve Jobs, entre ellas "Viva la Vida", "Fix You", "Yellow" y "Every Teardrop Is a Waterfall". El 26 de octubre, su concierto

"Amex Unstaged" en la Plaza de Toros de Las Ventas de Madrid, España, fue retransmitido por YouTube como un webcast en directo dirigido por Anton Corbijn. El 30 de noviembre de 2011, Coldplay recibió tres nominaciones a los premios Grammy para la 54ª edición de los premios Grammy, que tuvo lugar el 12 de febrero de 2012 en Los Ángeles, y el grupo actuó junto a Rihanna en la ceremonia. El 12 de enero de 2012, Coldplay fueron nominados a dos premios Brit. El 21 de febrero de 2012, fueron galardonados por tercera vez con el Brit Award al mejor grupo británico. El álbum fue el disco de rock más vendido en el Reino Unido, con 908.000 copias. El segundo sencillo del álbum, "Paradise", también fue el sencillo de rock más vendido en el Reino Unido, con 410.000 copias vendidas. En los MTV Video Music Awards de 2012, "Paradise" ganó el premio al mejor vídeo de rock. *Mylo Xyloto* ha vendido más de 8 millones de copias en todo el mundo.

Coldplay encabezó la ceremonia de clausura de los Juegos Paralímpicos de Londres 2012 el 9 de septiembre de 2012, donde actuó junto a otros artistas como Rihanna y Jay-Z. Para enlazar con su actuación en la ceremonia de clausura, el grupo dio permiso a las bandas que participaban en el Maratón Bandstand para que tuvieran la oportunidad de interpretar su sencillo de 2008 "Viva la Vida" para celebrar el final de los juegos.

En octubre de 2012, se estrenó el vídeo musical de la canción de Coldplay "Hurts Like Heaven". El vídeo se basaba en la historia de Mylo Xyloto, un niño que creció en la tiranía dirigida por el Mayor Minus. Los cómics ficticios titulados *Mylo Xyloto* continuaron con la historia retratada en el vídeo musical cuando se publicó la serie a principios de 2013. La película documental del concierto y el álbum en directo *Coldplay Live 2012* narra su gira en apoyo del álbum Mylo Xyloto. La película se estrenó en cines durante una sola noche, el 13 de noviembre de 2012, y se publicó en CD y vídeo doméstico el 19 de noviembre de 2012.

El 21 de noviembre, tras un concierto en Brisbane (Australia) como parte de la gira Mylo Xyloto Tour del grupo, Coldplay insinuó que iba a tomarse un descanso de tres años de las giras. Coldplay ofreció dos conciertos con Jay-Z en el Barclays Center de Brooklyn, Nueva York, el 30 de diciembre y la víspera de Año Nuevo, que pusieron fin a la gira Mylo Xyloto Tour. La gira Mylo Xyloto Tour fue nombrada la cuarta gira más taquillera de 2012 en todo el mundo, con más de 171,3 millones de dólares obtenidos en la venta de entradas.

2013-2014: *Historias de fantasmas*

En una entrevista con la emisora de radio australiana 2Day FM, Chris Martin reveló que el título del próximo álbum de la banda sería "mucho más fácil de pronunciar".

Martin desmintió las especulaciones de que se estaban tomando un descanso de las giras diciendo: "Esta idea de un descanso de tres años sólo surgió porque dije en un concierto en Australia que quizá no volveríamos allí en tres años. Probablemente sea cierto, pero así es como funciona una gira mundial. De ninguna manera nos tomaremos un descanso de tres años".

El 9 de agosto de 2013, Coldplay anunció el lanzamiento de su canción "Atlas", incluida en la banda sonora de la película *Los juegos del hambre: En Llamas*. Su lanzamiento se retrasó al 6 de septiembre de 2013 (en todas partes menos en el Reino Unido) y al 8 de septiembre (en el Reino Unido). En diciembre de 2013, se anunció que los futuros lanzamientos de Coldplay serían distribuidos por Atlantic Records en Estados Unidos debido a la reestructuración dentro de Warner Music Group tras la compra de Parlophone Records a EMI.

El 25 de febrero de 2014, la banda dio a conocer "Midnight", un tema de su álbum aún por publicar. A principios de marzo de 2014, se anunció que el sexto álbum de la banda, Ghost *Stories,* saldría a la venta el 19 de mayo de 2014. Ghost *Stories* es un álbum de corte espiritual que gira en torno a dos grandes temas mencionados por Chris Martin. El álbum explora la idea de las acciones pasadas, y los efectos que pueden tener en tu futuro y en la capacidad de uno para el amor incondicional. La banda adoptó un enfoque diferente para su sexto álbum de estudio en contraste con sus álbumes de estudio anteriores, con Martin invitando a la banda a contribuir con material de composición original para el álbum, en lugar de construir canciones a partir de sus ideas como habían hecho durante las sesiones de grabación anteriores.

De abril a julio, Coldplay se embarcó en una gira de seis fechas, Ghost Stories Tour, en apoyo del álbum, tocando espectáculos "íntimos" en seis ciudades: el Beacon Theatre de Nueva York el 5 de mayo, el Royce Hall de Los Ángeles el 19 de mayo, el Casino de París en París el 28 de mayo, el Tokyo Dome City Hall de Tokio el 12 de junio, el Enmore Theatre de Sydney el 19 de junio, y cerró la gira en el Royal Albert Hall de Londres el 2 de julio de 2014. El álbum se puso a la venta por adelantado en iTunes, junto con el nuevo sencillo "Magic". Desde entonces se han publicado otros dos sencillos del álbum, "A Sky Full of Stars" y "True Love". *Ghost Stories* recibió críticas entre mixtas y positivas. El álbum encabezó las listas del Reino Unido, Estados Unidos y la mayoría de los principales mercados. Recibió una nominación a los Premios Grammy como Mejor Álbum Pop Vocal, y "A Sky Full of Stars" fue nominada como Mejor Interpretación Pop Dúo/Grupo. En diciembre de 2014, Spotify nombró a Coldplay el grupo musical más retransmitido del mundo en 2014, y el tercer artista más retransmitido por detrás de Ed Sheeran y Eminem.

2015-2018: *Una cabeza llena de sueños*

El 4 de diciembre de 2014, Chris Martin anunció en una entrevista con Zane Lowe en BBC Radio 1 que Coldplay estaba trabajando en su séptimo álbum de estudio, *A Head Full of Dreams*. Martin comentó que podría ser el último álbum de la banda y lo comparó con Harry Potter: "Es nuestro séptimo trabajo y, tal y como lo vemos, es como el último libro de Harry Potter o algo así". Añadió que, a diferencia de sus esfuerzos de promoción para *Ghost Stories*, la banda saldrá de gira para el séptimo disco. En una entrevista con Jo Whiley en BBC Radio 2, Martin insinuó el estilo del álbum diciendo que la banda estaba intentando hacer algo colorido y edificante, pero no ampuloso. También afirmó que será algo para "arrastrar los pies".

El 11 de diciembre de 2014, la banda dio a conocer una nueva canción, "Miracles", que fue escrita y grabada para la película dramática sobre la Segunda Guerra Mundial *Unbroken*, dirigida por Angelina Jolie. En los Premios Billboard de la Música 2015, el 17 de mayo, *Ghost Stories* fue nombrado Mejor Álbum de Rock. El 26 de septiembre, Coldplay actuó en el Festival Global Citizen 2015 en el Great Lawn de Central Park en Nueva York, un evento organizado por Chris Martin que aboga por el fin de la pobreza extrema en el mundo. Coldplay, junto con Beyoncé, Ed Sheeran y Pearl Jam, encabezó el festival que fue retransmitido por la NBC en Estados Unidos el 27 de septiembre y por la BBC en el Reino Unido el 28 de septiembre.

En su intervención en el *programa Radio 1 Breakfast Show de* Nick Grimshaw en la BBC el 6 de noviembre, Coldplay confirmó el 4 de diciembre como fecha de lanzamiento de *A Head Full of Dreams,* y en el programa se estrenó una nueva canción del álbum, "Adventure of a Lifetime". El álbum cuenta con apariciones como invitados de Beyoncé, Gwyneth Paltrow, Noel Gallagher, Tove Lo y Barack Obama. El álbum alcanzó el número uno en el Reino Unido, y el número dos en Estados Unidos, Australia y Canadá, entre otros países, donde se mantuvo en segundo lugar por *25* de Adele. El vídeo musical de "Adventure of a Lifetime" presentaba al grupo actuando como chimpancés. Contaron con la colaboración del famoso actor de captura de interpretaciones Andy Serkis.

El 27 de noviembre de 2015 se anunciaron las primeras fechas de su gira A Head Full of Dreams Tour 2016. Se enumeraron paradas latinoamericanas y europeas, que incluían tres fechas en el estadio de Wembley, Londres, en junio. Posteriormente se añadieron la gira por Norteamérica, un concierto extra en Wembley y una gira por Oceanía. El 5 de diciembre, la banda encabezó la jornada inaugural del Jingle Bell Ball de 2015 en el O_2 Arena de Londres. El 7 de febrero de 2016 encabezaron el espectáculo del descanso de la Super Bowl 50, junto a Beyoncé y Bruno Mars. En abril de 2016, la banda fue nombrada la sexta artista con más ventas en todo el mundo en 2015.

El 26 de junio de 2016, Coldplay cerró la última jornada del Festival de Glastonbury en Inglaterra. Su actuación incluyó un dueto con Barry Gibb, el último miembro superviviente de los Bee Gees. Durante la segunda noche de la banda en el MetLife Stadium de Nueva Jersey, el 18 de julio, Coldplay se unió en el escenario a Michael J. Fox para recrear una escena de *Regreso al futuro*. Martin cantó "Earth Angel" antes de introducir a Fox en el escenario para que se uniera a la banda en la interpretación del clásico de Chuck Berry "Johnny B. Goode".

La banda interpretó un set completo en la India por primera vez como parte del Global Citizen Festival en Bombay el 19 de noviembre de 2016. A esta actuación asistieron 80.000 personas y también contó con la presencia de muchas estrellas de Bollywood durante el concierto. El mismo mes, Coldplay anunció en entrevistas con Absolute Radio y Magic Radio en Londres que lanzarían nuevas canciones en un nuevo EP llamado *Kaleidoscope EP*. Descrito como elaborado a partir de un "saco de ideas" sobrantes de la grabación de *A Head Full of Dreams*, Martin declaró que saldría a la venta en "un par de meses". La banda anunció oficialmente el lanzamiento del EP el 14 de julio de 2017.

El 22 de febrero de 2017, la banda lanzó un tema de colaboración largamente esperado y bromeado con el dúo de EDM The Chainsmokers llamado "Something Just Like This". Alcanzando el número 2 en la UK Singles Chart y el número 3 en la US *Billboard* Hot 100, fue el single principal del decimotercer extended play de Coldplay, *Kaleidoscope*, publicado el 14 de julio de 2017. Juntos, estrenaron la canción en directo en los Brit Awards de 2017 con Chris Martin interpretando también una canción homenaje al fallecido George Michael. El 2 de marzo, día del cumpleaños de Martin, la banda lanzó un tema del EP, "Hypnotised". Otros dos lanzamientos del EP, "All I Can Think About Is You" y "Aliens", salieron el 15 de junio y el 6 de julio de 2017 respectivamente. El 15 de agosto de 2017, Coldplay anunció que se publicaría un álbum en directo que cubriría la gira A Head Full of Dreams Tour.

El 8 de octubre de 2017, Coldplay estrenó en directo su nueva canción titulada "Life Is Beautiful" en el estadio SDCCU de San Diego, California. Fue escrita en apoyo tras el terremoto que afectó a México el 19 de septiembre. Parte del espectáculo de la banda fue transmitido al final de Estamos Unidos Mexicanos, un concierto benéfico realizado en el Zócalo de la Ciudad de México, que incluyó "Fix You", "Viva la Vida", "Adventure of a Lifetime" y su nueva canción. Martin declaró que los beneficios de la canción y del concierto se donarían a los esfuerzos de ayuda para México y otros países.

La gira A Head Full of Dreams Tour finalizó en noviembre de 2017. Con una recaudación de más de 523 millones de dólares, en 2017 fue catalogada como la tercera gira de conciertos más taquillera de todos los tiempos. El álbum en directo prometido, titulado *Live in Buenos Aires*, salió a la venta el 7 de diciembre de 2018. Su material cubre el concierto final de la gira en La Plata y, al mismo tiempo, se puso a la venta una segunda entrega titulada *Love in Tokyo* en exclusiva para el mercado japonés. El 30 de noviembre de 2018, Coldplay lanzó *Global Citizen - EP 1* bajo el nombre de Los Unidades. Incluye "E-Lo", una canción con Pharrell Williams en la que participa Jozzy. Los beneficios del EP se donaron a los esfuerzos para acabar con la pobreza mundial.

2019-2020: *La vida cotidiana*

El 26 de septiembre de 2019, Global Citizen anunció que Coldplay actuaría en Global Goal Live: El Sueño Posible el 26 de septiembre de 2020. El 18 de octubre de 2019, empezaron a aparecer misteriosos carteles en blanco y negro en varios países del mundo, con la banda vestida al estilo vintage y una fecha que indicaba el 22 de noviembre de 1919. La banda también cambió sus fotos de perfil en las redes sociales por un sol y una luna, haciendo que los fans especularan con un inminente lanzamiento de nuevo material. El 19 de octubre de 2019, se publicó un críptico teaser de 5 segundos en las redes sociales con música orquestal de fondo. El 21 de octubre de 2019, en una carta enviada a los fans, la banda anunció que su octavo álbum de estudio se titularía *Everyday Life* y que sería un álbum doble, con la primera mitad titulada *Sunrise* y la segunda *Sunset*.

El 23 de octubre de 2019, las pistas del álbum se revelaron en anuncios en los periódicos locales de los miembros de la banda en el Reino Unido, incluyendo el *Daily Post* del norte de Gales (con el que Jonny Buckland tuvo una vez un trabajo de vacaciones), y el *Express & Echo* de Exeter (el periódico de la ciudad natal de Chris Martin). "Orphans" y "Arabesque" se lanzaron entonces como los singles principales del álbum el 24 de octubre de 2019 en el programa de Annie Mac en BBC Radio 1, siendo esta última canción la primera de Coldplay en incluir palabrotas. El álbum salió a la venta el 22 de noviembre de 2019 y estuvo marcado por un doble concierto en Ammán, Jordania. El concierto, que se retransmitió en directo en YouTube, se realizó al amanecer y al atardecer, en correspondencia con los subtítulos de las dos mitades del álbum.

Martin había dicho anteriormente que la banda no saldría de gira para promocionar el álbum hasta que pudieran resolver "cómo nuestra gira puede no sólo ser sostenible (sino) cómo puede ser activamente beneficiosa", y espera que sea totalmente neutra en carbono. Sin embargo, Coldplay ofreció un único concierto el 25 de noviembre de 2019 para la organización benéfica ClientEarth en el Museo de Historia Natural de Londres. La banda tocó bajo Hope, un esqueleto gigante de 128 años de una ballena azul en el gran vestíbulo del museo. El álbum debutó en el número uno de la lista de álbumes del Reino Unido con 81.000 copias vendidas, convirtiéndose en el octavo número uno consecutivo de la banda en el Reino Unido. También fue el tercer álbum que más rápido se vendió en 2019, por detrás de *No.6 Collaborations Project* y *Divinely Uninspired to a Hellish Extent*. El 24 de noviembre de 2020, Coldplay recibió dos nominaciones a la 63ª edición de los premios Grammy, una de ellas a Álbum del año, su primera nominación en la categoría desde *Viva la vida*. El 21 de diciembre de 2020, "Flags" se lanzó internacionalmente, la canción se incluyó originalmente como bonus track japonés de *Everyday Life*.

2021-presente: *La música de las esferas*

El 29 de abril de 2021, Coldplay anunció la publicación de un nuevo sencillo titulado "Higher Power", que saldría a la venta el 7 de mayo de 2021, con un vídeo en directo coincidiendo con el lanzamiento del sencillo que se emitiría desde la Estación Espacial Internacional. Chris Martin declaró en una entrevista con Zane Lowe que la banda trabajaría con Max Martin y su equipo tanto en la canción como en el nuevo álbum. Dijo: "Max es nuestro productor ahora mismo para todo lo que hacemos". El 4 de mayo de 2021, Coldplay fueron anunciados como teloneros de los Brit Awards 2021, donde interpretarían "Higher Power".

El 22 de mayo de 2021, su actuación pregrabada en el Festival de Glastonbury se retransmitió por Internet. La banda también mostró una nueva canción llamada "Human Heart", en la que participa el dúo de R&B We Are King. El 8 de junio de 2021, se estrenó en YouTube el vídeo musical "oficial" de "Higher Power", dirigido por Dave Meyers, tras un vídeo musical más sencillo en el que aparecía la banda interpretando la canción mientras bailaba con hologramas alienígenas CGI que se estrenó el 7 de mayo de 2021. El 20 de julio de 2021, Coldplay anunció que su nuevo álbum *Music of the Spheres saldría a la* venta el 15 de octubre de 2021, y también anunció un tema titulado "Coloratura", que se estrenó el 23 de julio de 2021.

El 13 de septiembre de 2021, anunciaron junto al grupo de pop surcoreano BTS el segundo sencillo, "My Universe", que salió a la venta el 24 de septiembre de

2021. La canción debutó en el número 3 de la lista UK Singles Chart, siendo su single de mayor éxito desde "Something Just Like This", y debutó en el número uno de la lista US *Billboard* Hot 100. Posteriormente, el 26 de septiembre de 2021, se estrenó un breve documental sobre la colaboración con BTS en el canal oficial de YouTube de BTS.

Music of the Spheres debutó en el número uno de la lista de álbumes del Reino Unido, convirtiéndose en el álbum que más rápido se ha vendido en el país desde el *número 6 de* 2019, *Collaborations Project*, de Ed Sheeran. El álbum debutó en el número cuatro de la lista *Billboard* 200 de Estados Unidos y alcanzó el número uno tanto en la lista Top Alternative Albums como en la lista Top Rock Albums. El 14 de octubre de 2021, Coldplay anunció su octava gira de conciertos, la Music of the Spheres World Tour, que comenzó en San José, Costa Rica, en marzo de 2022 y visitará tres continentes, con más fechas de gira que se anunciarán en el futuro. La gira forma parte de un esfuerzo continuo por reducir la huella de carbono de la banda; Chris Martin explicó en una entrevista con la BBC que la gira contaría con "suelo cinético" que alimenta los conciertos a través del movimiento de los asistentes, así como con bicicletas que hacen lo mismo, lo que significa que "todo el espectáculo se alimenta de energía renovable". Martin dijo que el objetivo de la banda es que habrán "cambiado ligeramente el status quo de cómo funciona una gira". El 23 de noviembre de 2021, "Higher Power" fue nominada a la Mejor Interpretación Pop Dúo/Grupo en la 64ª edición de los premios Grammy. En diciembre de 2021, Martin dijo que Coldplay publicaría tres álbumes más hasta 2025 durante una entrevista para la BBC, siendo uno de ellos "una especie de musical" mientras que el último será un disco autotitulado "de vuelta a lo básico". Añadió, sin embargo, que la banda seguirá activa con lanzamientos más pequeños y giras por todo el mundo después de 2025. El 23 de febrero de 2022, la banda lanzó una nueva versión despojada de "Let Somebody Go", y una versión del sencillo de 2008 de Kid Cudi "Day 'n' Nite". Ambas canciones formaban parte de su lanzamiento de Spotify Singles. El álbum recibió tres nominaciones en la 65ª edición de los premios Grammy, anunciadas el 15 de noviembre de 2022, incluyendo Álbum del Año y Mejor Álbum Pop Vocal, con "My Universe" nominada a Mejor Interpretación Pop Dúo/Grupo.

Artistry

Proceso creativo

Durante una entrevista para *NME*, Berryman explicó que la banda suele tener un título y un concepto en mente antes de que llegue la música, lo que sirve para proporcionar un "marco en el que podemos trabajar temáticamente". Martin describió su forma de hacer canciones como "una serie de puertas", ya que él aporta las ideas iniciales a Buckland, el guitarrista las desaprueba o da su opinión sobre ellas, y lo mismo ocurre de Buckland a Berryman y luego a Champion, lo que permite a cada miembro de la banda expresarse artísticamente. Sin embargo, este proceso no siempre es lineal, ya que temas como "Magic" y "Adventure of a Lifetime" se iniciaron gracias a los riffs de bajo y guitarra de Berryman y Buckland respectivamente. También cambian a menudo de instrumento mientras están en el estudio. Cuando se le preguntó acerca de evitar el uso de lenguaje explícito en las letras, Champion afirmó que las palabrotas son "extremadamente útiles a veces", pero "si las usas en exceso disminuye su impacto".

Los críticos musicales afirman que existe un patrón en el que la banda alterna "entre apuestas abiertas por el éxito mainstream y piezas de prestigio más autoconscientemente artísticas". Para explicarlo, Buckland dijo que "saber que el gran [álbum] está por llegar nos permite ir mucho más pequeños" y "ser mucho más insulares sobre la música que damos sentido". También han utilizado diferentes estéticas para la promoción de cada disco, y James Hall, de *The Telegraph,* cita cómo a lo largo de los años el aspecto de Coldplay "ha mutado de chicos indie delgados (*Parachutes*) a coristas de *Los Miserables* (*Viva la Vida o Death and All His Friends*)" a "una banda de jazz de 1919 teñida de sepia (*Everyday Life*)". Tras ser cuestionado sobre la ropa negra utilizada durante la promoción de *X&Y* (2005), Martin añadió además "Hay una gran seguridad en mirar hacia [Buckland] y ver que lleva los mismos zapatos de color que yo. Supongo que es la misma razón por la que el ejército lleva uniforme, para que te sientas parte de un clan. Y cuando todos vamos vestidos así, siento que [todo] está bien, porque formo parte de este equipo".

Estilo musical y lírico

Coldplay ha explorado muchos estilos musicales a lo largo de su carrera, considerándose su sonido rock alternativo, pop alternativo, pop rock, post-britpop, soft rock y pop. Tras ganar un premio Grammy al mejor álbum de rock en 2009, Martin declaró en broma en su discurso de aceptación que eran "rock calcáreo", en comparación con el "rock duro". Las extended plays publicadas en 1998 y 1999 tienen características de dream pop, lo que las diferencia de futuros lanzamientos. Su primer álbum de estudio, *Parachutes* (2000), fue descrito como "pop melódico" que combinaba "trozos de riffs de guitarra distorsionados y percusión agitada", siendo "exquisitamente oscuro y artísticamente abrasivo". Berryman lo calificó de "disco tranquilo y educado", mientras que Champion comparó las letras con las de "Perfect Day" de Lou Reed, ya que son "bastante malhumoradas" pero con "giros que implican optimismo", creando en última instancia un álbum definido por el contraste entre mensajes "bellos y felices" y sonidos "muy, muy tristes".

Por otro lado, A Rush of Blood to the Head, de 2002, está lleno de "rasgueos lastimeros, arpegios cansados y melodías doloridas", junto con una sensación de urgencia y desgarro. Durante una entrevista, Martin afirmó que el título significa "hacer algo por impulso". Los críticos musicales lo describieron como más grande, oscuro y frío que su predecesor, alabando también a Coldplay por mostrar una "confianza recién descubierta". Este estilo se mantuvo para su tercer álbum, *X&Y* (2005), aunque con la adición de influencias electrónicas y un amplio uso de sintetizadores, teniendo una escala mayor tanto en términos de sonido como de temas existenciales. Craig McLean, de *The Guardian,* lo calificó como "el trabajo de una banda cada vez más impulsada y con más garra", y describió las melodías como "algo sincero, con líneas de guitarra machaconas y un piano emotivo". Las letras del disco se han considerado "cavilaciones sobre las dudas, los miedos, las esperanzas y los amores de Martin", con palabras que "son serias y vagas, para que los oyentes puedan identificarse con los conceptos subyacentes en las canciones". Kevin Devine, de *Hybrid Magazine,* escribió que "el brillante sonido de la guitarra de Buckland confiere a *X&Y* un resplandor eufónico", y temáticamente, el álbum contiene un "hilo conductor sobre la importancia de intentarlo, así como la necesidad de una comunicación básica entre la cacofonía de confusión del mundo".

Con *Viva la Vida or Death and All His Friends* y el posterior *Prospekt's March* (ambos publicados en 2008), Coldplay diversificó aún más su estilo y exploró nuevos territorios tras completar lo que consideraban una trilogía de álbumes. La banda experimentó con numerosos instrumentos diferentes, como violines eléctricos, pianos de tachuelas, santoores y orquestas, todo ello con producciones más estratificadas. También probaron distintas estructuras de canciones e identidades vocales a sugerencia del productor Brian Eno, tomando influencias de sonidos orientales, hispanos, africanos y de Oriente Medio. La canción que da título al álbum, "Viva la Vida", se considera pop barroco y el cuarto sencillo, "Strawberry Swing", se describió como de inspiración psicodélica. También incursionaron en el shoegaze en el tema oculto "Chinese Sleep Chant". Las letras son más universales en comparación con el material anterior, con una temática más colectiva, ya que la banda "ahonda en el amor, la vida, la guerra y la muerte". Martin comentó que los motivos de la revolución se inspiraron en la novela de Victor Hugo *"Los Miserables"* (1862).

Esos temas, junto con algunas de las influencias orientales, permanecieron en *Mylo Xyloto* de 2011, un álbum conceptual que sigue la historia de dos personajes al estilo de una ópera rock. Amplió el espectro del sonido de Coldplay incluyendo más elementos electrónicos que antes y presentando por primera vez tonos mayoritariamente alegres, lo que dio lugar a un estilo pop rock con melodías "modernas, urbanas y dance". Según Champion, la banda quería originalmente hacer un disco acústico, así que cuando "Paradise" empezó a tomar forma, decidieron empezar un álbum electrónico aparte. Sin embargo, ambos acabaron convirtiéndose en un único trabajo, con canciones como "Charlie Brown" y "Us Against the World" reelaboradas en sus versiones actuales. Berryman afirmó que abordaron el proyecto con "mucha confianza". Desde el punto de vista lírico, Martin afirmó que se inspiró en los grafitis estadounidenses de la vieja escuela, en el movimiento de la Rosa Blanca y en "ser capaz de alzar la voz o seguir tu pasión, aunque todo el mundo parezca estar en contra". En 2013, se publicó un cómic basado en el argumento del disco en colaboración con Mark Osborne.

Para *Ghost Stories* (2014), Coldplay adoptó un estilo melancólico y sombrío que recordaba a su debut, al tiempo que incorporaba influencias de la electrónica, el R&B, el synth-pop y el ambient. Sus melodías también son notablemente más oscuras y minimalistas que las de *Mylo Xyloto*, con arreglos escasos que reflejan su deseo de "mantener una sensación de espacio" sin "tener miedo al silencio" ni "superponer demasiados sonidos". El proyecto se considera también un álbum de ruptura, que explora líricamente cómo los acontecimientos pasados en la vida de uno (sus fantasmas) afectan al presente. Martin lo calificó de "viaje de aprendizaje sobre el amor incondicional" tras su divorcio de Gwyneth Paltrow. Un año después se publicó *A Head Full of Dreams,* con un estilo similar, pero con tonos brillantes y edificantes, que contrastaban con su predecesor al tiempo que introducían elementos de música disco y funk, sobre todo en el single principal "Adventure of a Lifetime". En las letras, trabajaron temas como la unidad, la ensoñación, la paternidad, el perdón, la curación y el agradecimiento.

En 2017, la banda puso a la venta *Kaleidoscope EP* como complemento del álbum. Incluía una versión en directo de "Something Just Like This", su colaboración EDM con los Chainsmokers, y el regreso de la producción de Brian Eno en "Aliens". Mientras tanto, temas como "All I Can Think About Is You" e "Hypnotised" mezclaban el nuevo estilo pop de Coldplay con sus raíces de rock alternativo, estableciendo la plantilla para *Everyday Life* (2019), que supuso un regreso a la experimentación y los sonidos orgánicos de *Viva la Vida o Death and All His Friends*, al tiempo que contaba con nuevas influencias del gospel, el blues y la música clásica. Lanzada como sencillo principal junto con "Orphans", la canción "Arabesque" se inspiró en el jazz fusión y el afrobeat. La banda continuó con sus temas líricos de positividad, igualdad, esperanza, legado y humanidad, pero añadió pérdida, dolor y comentarios sobre cuestiones políticas y sociales como el racismo, la brutalidad policial, el control de armas y la crisis de los refugiados, siendo su primer álbum con blasfemias.

Este enfoque multiestilo estuvo igualmente presente en *La música de las esferas* de 2021, aunque inclinándose hacia los sonidos pop. Según Berryman, el álbum "se creó con un ojo puesto en las actuaciones en directo" y eso "dio forma a los niveles generales de energía y a la selección de canciones" para el mismo. Martin añadió que se inspiró en la franquicia de *La Guerra de las Galaxias,* que le hizo preguntarse cómo serían otros artistas del universo tras ver actuar a la banda de la Cantina de Mos Eisley. Entre las nuevas influencias musicales figuran "Human Heart" y "Coloratura"; la primera es una colaboración a capela con el dúo de R&B We Are King y Jacob Collier, mientras que la segunda es una balada de rock progresivo de 10 minutos y 18 segundos, lo que la convierte en la canción más larga que ha publicado la banda. La frase "Todo el mundo es un extraterrestre en algún lugar" se utilizó con frecuencia para promocionar el proyecto, Champion declaró que pretende que la gente se fije en lo que les une en lugar de en lo que les separa, ya que "desde la perspectiva de otro planeta, nosotros seríamos los extraterrestres".

Influencias

La música de Coldplay ha sido comparada con la de A-ha, U2, Oasis, R.E.M. y Radiohead. También reconocieron a la banda escocesa Travis y al cantante estadounidense Jeff Buckley como grandes influencias en su primer material, que fue producido en su mayor parte por Ken Nelson. Martin es conocido por ser fan de Bruce Springsteen, mencionó "haber pasado tres años intentando sonar como Eddie Vedder" antes que Buckley, y comentó haber escuchado muchos himnos cuando era joven debido a su educación religiosa. En 2021, citó al cantautor belga Stromae como otra de sus influencias, afirmando: "Es uno de nuestros héroes, ya sabe, es una de esas personas que llegan y te inspiran completamente de nuevo".

Buckland, por su parte, declaró que los Stone Roses fueron una de las razones por las que aprendió a tocar la guitarra. En 2020, compartió en las redes sociales listas de reproducción con algunos de sus temas y artistas favoritos de cada década, como Velvet Underground, Carole King, Joy Division, Talking Heads, Kate Bush, Donna Summer, Björk, Beastie Boys y muchos otros. Durante una entrevista al año siguiente declaró que su canción favorita de todos los tiempos es "Teardrop" de Massive Attack. Mientras tanto, Berryman es conocido por inspirarse en artistas como James Brown, Marvin Gaye, Kool & the

Gang y los Funk Brothers. Además, añadió que su gusto musical es "difícil de condensar" pero que "no podría vivir sin los Beatles o la Motown". En cuanto a Champion, comentó que saber tocar el violín y el piano desde los ocho años le dio una perspectiva diferente de la batería, que sólo aprendió a tocar después de unirse a la banda. Durante su juventud, escuchaba a Bob Dylan, Tom Waits, Nick Cave y la música folk tradicional irlandesa. Ha nombrado a Ginger Baker, Dave Grohl y John Bonham como algunos de sus bateristas favoritos.

Para *A Rush of Blood to the Head (2002), se* inspiraron en Echo & the Bunnymen, George Harrison y Muse. Su tercer álbum, *X&Y (2005*), estuvo especialmente influido por Kraftwerk, Depeche Mode y Johnny Cash. La canción "Til Kingdom Come" fue escrita originalmente como colaboración con este último antes de que falleciera. Además de Nelson, la banda también trabajó con Danton Supple en las sesiones de grabación. En *Viva la Vida or Death and All His Friends,* de 2008, el estilo de Coldplay viró hacia el art rock, inspirándose en My Bloody Valentine, Blur y Arcade Fire. Tras asociarse con Brian Eno y Jon Hopkins, empezaron a incorporar elementos de música ambiental y electrónica en sus composiciones. Los dos productores volvieron en *Mylo Xyloto* (2011), con el primero teniendo un papel más directo al ayudar a escribir las canciones.

En 2014, Paul Epworth colaboró en *"Ghost Stories"*. Los productores Tim Bergling y Madeon también participaron, lo que dio lugar a que temas como "A Sky Full of Stars" tuvieran un "sabor más bailable". Publicado al año siguiente, *A Head Full of Dreams* (2015) contó con la colaboración del dúo de productores Stargate. Entre los antiguos colaboradores de la banda se encuentran Davide Rossi, Bill Rakho, Rik Simpson y Dan Green. Los tres últimos se denominan The Dream Team en *Everyday Life (2019)* y los cuatro llevan trabajando con Coldplay desde *Viva la Vida o Death and All His Friends*. Para su noveno álbum, *Music of the Spheres (*2021), el grupo invitó al productor sueco Max Martin. La canción "People of the Pride" tiene una introducción inspirada en una actuación de Beyoncé en el Global Citizen Festival, mientras que el sencillo promocional "Coloratura" suscitó comparaciones con Pink Floyd.

Actuaciones en directo

Coldplay es conocido por "asegurarse de que cada gira sea su propio espectáculo deslumbrante e iluminado", con sus espectáculos visuales haciendo uso de láseres, fuegos artificiales, cañones de confeti y pulseras LED interactivas. Esta última se considera una pieza emblemática de sus actuaciones, ya que se atribuye a la banda el mérito de haber popularizado su uso. Al reseñar *Live in Buenos Aires* (2018), Sam Sodomsky, de *Pitchfork,* afirmó que "defiende firmemente el legado de uno de los actos en directo más duraderos del siglo XXI", una perspectiva de la que se hizo eco Alexis Petridis, de *The Guardian,* tras describir las listas de canciones de la banda como "un recordatorio alcista de cómo [ellos] se hicieron, y luego se mantuvieron, enormes". Ambos críticos comentaron también cómo Martin interactúa a menudo con el público entre la interpretación de cada canción.

Para Ghost Stories Tour (2014), sin embargo, interpretaron sets íntimos en lugares como el Royal Albert Hall y el Beacon Theatre. Los conciertos hicieron uso de nuevos elementos, como un arpa láser y el reactivo. Un enfoque similar se adoptó para *Everyday Life (2019)* por sus preocupaciones medioambientales, con la banda tocando pequeños espectáculos con fines benéficos y un livestream especial en la Ciudadela de Ammán en Jordania. Al reseñar este último, Dan Stubbs de *NME* concluyó que "en el escenario es donde Coldplay cobra vida, y donde tienen más sentido". En 2022, Champion afirmó que los Flaming Lips fueron decisivos para dar forma a su idea de lo entretenido que puede ser un concierto, ya que las giras de la banda estadounidense tienen "un sentido de la maravilla y de la diversión al que realmente respondemos".

Imagen pública

Coldplay son considerados iconos polarizantes del pop/rock, habiendo recibido tanto elogios como críticas por parte de la crítica musical y del público. Mantienen una estrecha relación con sus fans a través de vídeos, cartas e interacciones en las redes sociales, convirtiéndose en la tercera y sexta banda más seguida del mundo en Twitter e Instagram, respectivamente. También son conocidos por burlarse de los próximos lanzamientos difundiendo huevos de pascua y pistas por todo el mundo. En una encuesta publicada por el *Daily Mirror* en la que se enumeraban los artistas más populares e impopulares del Reino Unido, Coldplay figuraba entre los 20 actos más votados en ambas listas; las únicas otras bandas con la misma distinción eran ABBA y U2. En julio de 2000, Alan McGee describió sus canciones como "música para mojar la cama", a lo que Buckland respondió: "Intentamos ser quienes somos, ¿sabe? Pretender ser 'un poco locos' sólo sería triste". McGee se disculpó por el comentario dos décadas después, diciendo: "No me gusta su música, pero no creo que sean tan malos".

Jon Pareles, de *The New York Times,* nombró a Coldplay "la banda más insufrible de la década", describiendo *X&Y* (2005) como "impecable hasta el extremo, con pistas instrumentales purgadas de cualquier atisbo de fragilidad humana". En 2015, Carl Williott, de *Idolator,* los comparó con las obras de Phil Collins, señalando que "tal perfeccionismo siempre se considera cursi en su época", pero que tienen caché en épocas posteriores "porque los valores de producción, la cancionística y el puro talento superaron la prueba del tiempo". También se les acusó de "ceñirse a una fórmula", a lo que algunos críticos musicales han respondido que aunque Coldplay "nunca se sale totalmente de las convenciones de un género", sí que "viajan" entre ellas. Además, mientras escribía para *The Guardian*, Ben Beaumont-Thomas afirmó que "desde álbumes que abarcan todos los géneros hasta colaboraciones con Brian Eno y Beyoncé, son mucho más radicales de lo que la gente les atribuye", un sentimiento del que se hizo eco Charlotte Krol, de *NME,* mientras reseñaba *Everyday Life* (2019).

Steven Hyden, de *Uproxx,* afirmó que Coldplay "siempre será un blanco irresistible para cierto tipo de personas" porque "personifican el pop rock dominante más que cualquier otro acto de los últimos veinte años", añadiendo que "los grupos dominantes son las entidades musicales más fáciles de ridiculizar" y cómo "se presume que no hay nada que 'pillar' con este grupo", pero "si eso fuera realmente cierto, no serían tan polarizantes". Del mismo modo, *The Independent* comentó que son "a menudo positivos, claramente no controvertidos e inofensivos", mientras que "en el mundo moderno (especialmente en Internet), si no causas indignación es mejor que no existas". En un editorial especial titulado

"25 canciones que nos dicen hacia dónde va la música", *The New York Times* seleccionó "Hymn for the Weekend" y concluyó que la "marca de pop de pantalla ancha de Coldplay atrae fáciles desprecios" como "sin bordes" y "cursi", pero "como Phil Collins, Michael McDonald, ABBA o cualquier número de artistas desesperadamente 'poco modernos', su imagen se evaporará mientras que sus canciones aguantarán el paso de los años", ya que la banda está "hecha para perdurar".

Legado

Galardones y logros

Coldplay está considerada la banda de mayor éxito del siglo XXI. Con más de 100 millones de álbumes vendidos en todo el mundo, son uno de los artistas más vendidos de todos los tiempos. *Parachutes* (2000), *A Rush of Blood to the Head* (2002) y *X&Y* (2005) han sido incluidos entre los 50 álbumes más vendidos de la historia del Reino Unido, siendo el grupo que más veces ha aparecido en la clasificación. Este último fue el tercer disco que más rápido se vendió en el país en el momento de su lanzamiento. En 2008, "Viva la Vida" se convirtió en la primera canción de un grupo británico en encabezar tanto la UK Singles Chart como la *Billboard* Hot 100 desde "Wannabe" de las Spice Girls. Su álbum matriz, *Viva la Vida or Death and All His Friends*, fue el más vendido de la década en formatos de descarga digital. En 2013, Coldplay fueron nombrados los famosos británicos más influyentes del mundo por *Forbes*. Al año siguiente se convirtieron en la primera banda de la historia en superar los mil millones de streams en Spotify. Su actuación en el espectáculo del descanso de la Super Bowl 50 en 2016 obtuvo la mayor audiencia de la historia para un grupo y un acto masculino, y el impacto del evento les convirtió en la banda más googleada del año. En noviembre de 2017, finalizaron la gira A Head Full of Dreams Tour, que es actualmente la séptima gira más taquillera de todos los tiempos. A continuación, Coldplay fue cabeza de cartel del Festival de Glastonbury por quinta vez, todo un récord, en 2021. Ese mismo año, "My Universe" se convirtió en la primera canción de un grupo británico en debutar en el número uno del *Billboard* Hot 100. En 2022, la recaudación de sus giras superó los 1.000 millones de dólares gracias a los 12 millones de entradas vendidas en 456 espectáculos registrados, lo que les convirtió en el quinto grupo de la historia en lograr la hazaña, tras Bon Jovi, Eagles, los Rolling Stones y U2.

La banda también ha recibido numerosos galardones a lo largo de su carrera, convirtiéndose en el grupo más premiado y nominado de todos los tiempos en los Brit Awards (nueve victorias de 30 nominaciones). Son el primer acto de la historia en ganar tres veces el Álbum Británico del Año y cuatro veces el Grupo Británico, consiguiendo el mayor número de nominaciones en ambas categorías. Coldplay también ha ganado siete premios Grammy de 39 nominaciones, recibiendo Canción del Año y Grabación del Año en una ocasión, mientras que ha sido nominado para la categoría Álbum del Año en tres ocasiones. En enero de 2009, recibieron el Premio NRJ de Honor en reconocimiento a los logros y la repercusión de su carrera. Al año siguiente, el grupo fue nombrado Compositor del Año en los premios ASCAP

London Music Awards, habiendo recibido previamente el mismo honor de los premios Ivor Novello en 2003. Su sencillo "Atlas", que se publicó como parte de *Los juegos del hambre: En llamas* (2013), fue nominado en la 19ª edición de los Critics' Choice Awards y preseleccionado en la 87ª edición de los Premios de la Academia. En 2014, Coldplay fue clasificado como el sexto grupo más premiado de todos los tiempos por Fuse. Dos años más tarde, la banda fue elegida para el premio Godlike Genius de los *NME* Awards, que honra "las carreras de iconos de la música que han sido pioneros en la industria". Han ganado dos American Music Awards, siete *Billboard* Music Awards, siete MTV Video Music Awards, tres Juno Awards, dos premios de plata en el Festival Internacional de Creatividad Cannes Lions y han establecido 10 *récords Guinness*, de los que actualmente ostentan seis. En mayo de 2022, se informó de que la riqueza combinada estimada de la banda (sin Harvey) había superado los 471 millones de libras.

Impacto cultural

Según Steve Baltin, de *Forbes*, Coldplay se han convertido en el estandarte de la escena musical alternativa actual y "a través de un trabajo constante y aventurero" siguen creciendo "hasta convertirse en una de las mejores bandas en directo de toda la música". Escribiendo para *Afisha*, Sergey Stepanov afirmó que heredaron la capacidad de U2 para "convertir el rock alternativo en mainstream" y que son "los Beatles del siglo XXI" en términos de "capacidad para crear éxitos y peso potencial". En la reseña del 20º aniversario de *Parachutes* (2000) realizada por la Academia de la Grabación, Jon O'Brien comentó que el álbum "marcó el comienzo de una nueva ola de bandas de guitarras suaves" y "ayudó a abrir las compuertas para aquellos que no suscribían la forma de pensar de Rock N' Roll Star", impactando también en el trabajo de grupos como the Fray, OneRepublic y Snow Patrol. Su single revelación, "Yellow", está considerado uno de los mejores temas de la década de 2000 por *Pitchfork* y posteriormente fue incluido en la exposición "Songs That Shaped Rock and Roll" del Salón de la Fama del Rock and Roll por figurar entre las grabaciones más exitosas e importantes de la industria musical. Al hablar de acontecimientos clave en la historia del rock, *The Guardian* afirmó que Coldplay marcó con la canción la dirección del género para los años venideros y aportó un "timbre fresco de composición: melancolía anhelante, animada por una sensación de elevación".

Su segundo álbum, *A Rush of Blood to the Head* (2002), fue elegido por el Royal Mail para una serie de sellos que celebraban las portadas de álbumes británicos clásicos de los últimos 40 años, siendo también clasificado como uno de los mejores álbumes de todos los tiempos por el Salón de la Fama del Rock and Roll, *NME* y *Rolling Stone*. Esta última revista situó "Clocks" y "Fix You" en los puestos 490 y 392, respectivamente, de su lista de las "500 mejores canciones de todos los tiempos". En 2005, Coldplay fueron incluidos en la National Portrait Gallery de Londres, que alberga una colección de retratos de personajes británicos históricamente importantes. Cinco años más tarde, VH1 incluyó a la banda en *100 Greatest Artists of All Time*, una serie especial de reconocimiento a artistas basada en una encuesta a expertos de la industria musical. Su quinto álbum, *Mylo Xyloto* (2011), formó parte de la editorial *Q's* "Greatest Albums of the Last 30 Years". Del mismo modo, *Rolling Stone* nombró "Every Teardrop Is a Waterfall" uno de los mejores temas de la década de 2010, y "A Sky Full of Stars" fue incluida entre las canciones de rock alternativo definitorias del periodo por iHeartRadio. La Industria Fonográfica Británica (BPI) les ha atribuido el mérito de impulsar las exportaciones de música británica en todo el mundo, junto con Adele y Ed Sheeran también.

Por su parte, Lakshmi Govindrajan Javeri, de *Firstpost,* afirmó que Coldplay han "dominado el arte de la reinvención" y, en consecuencia, han ampliado "la lista de artistas inspirados por ellos", lo que ha dado lugar a la creación de "un rico legado multigénero". Por ello, se les considera una de las bandas más influyentes del siglo XXI, impactando artísticamente a numerosos músicos mainstream e indie. El arreglista sueco Mattias Bylund explicó que hizo "acordes rítmicos tipo Coldplay" para "Wildest Dreams" de Taylor Swift. El productor estadounidense Finneas O'Connell los citó como inspiración tanto para su carrera como para la producción del álbum debut de Billie Eilish, *When We All Fall Asleep, Where Do We Go?* (2019). El director musical surcoreano Lee Ji-soo afirmó que "Life in Technicolor II" fue una de las canciones que más influyeron en la banda sonora de *In Our Prime* (2022). Escribiendo para *G1*, Carol Prado mencionó que ayudaron a remodelar la música sertanejo en Brasil, ya que muchos actos destacados del género (como Luan Santana y Victor & Leo) se vieron influidos por el uso que hace la banda de las "sílabas alargadas" y las melodías que "se construyen lentamente hasta llegar a estribillos fuertes". Su música también ha sido sampleada en varias ocasiones, entre otros por Drake, Lizzo, Frank Ocean y Chance the Rapper. Además, cantantes como Kelly Clarkson, Kacey Musgraves, Willie Nelson, Robyn, Rosé y Sam Smith han versionado temas de Coldplay. En 2018, la actriz inglesa Jodie Whittaker reveló que su traje para la Decimotercera Doctora estaba parcialmente inspirado en las portadas de los álbumes de la banda.

Influencia en el entretenimiento en vivo

Felipe Branco Cruz, de *Veja,* afirmó que Coldplay "reinventó el concepto de arena rock", ya que sus actuaciones en directo convertían a los fans en protagonistas del espectáculo en lugar de meros espectadores, continuando así el legado de espectáculos "que trascienden la música" establecido por grupos como Pink Floyd, Queen y U2. A la banda se le atribuye el mérito de haber popularizado también el uso de pulseras LED interactivas en los conciertos. Entre los artistas que han seguido su tendencia se encuentran Lady Gaga, OneRepublic, Taylor Swift, The Weeknd y Jay-Z. Jason Regler, creador del producto, dijo que su idea fue concebida durante un concierto de Coldplay. Según Didier Zacharie, de *Le Soir*, el plan ecológico propuesto por la Gira Mundial de la Música de las Esferas (2022-24) no tenía "precedentes" para una gira de estadios, lo que llevó a atribuir a la banda el mérito de "sentar las bases" de las giras respetuosas con el medio ambiente. En 2022, Lucy August-Perna, de Live Nation, comentó que ayudaron a seguir construyendo el marco que la empresa había estado desarrollando durante los cinco años anteriores y que sus mejores prácticas y planes se estandarizarán para "ofrecer opciones de giras sostenibles" a más artistas. *Uproxx* y *Billboard* reconocieron el impacto de Coldplay en las giras Happier Than Ever, The World Tour, de Billie Eilish, y Wonder: The World Tour, respectivamente. Su trabajo en colaboración con John Wiseman (de Worldwide Sales) y Frederic Opsomer (de PRG Projects) para los elementos LED del escenario dio lugar a la creación de productos "que nunca antes habían existido", como orbes tridimensionales hinchables que redujeron "drásticamente" el espacio necesario para almacenar y transportar modelos normales. Opsomer también afirmó que la tecnología a medida desarrollada para la gira se convertirá en "algo habitual dentro de unos años" en la industria del espectáculo en directo, y agradeció a la banda "haber tenido la visión y la columna vertebral" del empeño.

Filantropía

Coldplay dona el 10% de todos sus beneficios a obras benéficas. El fondo se mantiene en una cuenta bancaria a la que ninguno de los miembros de la banda puede acceder. Actualmente apoyan a más de treinta organizaciones, entre ellas Amnistía Internacional, Migrant Offshore Aid Station y Global Citizen Festival. En 2003, se publicó una versión acústica del sencillo "2000 Miles" para recaudar fondos para Stop Handgun Violence y Future Forests, y todos los beneficios se donaron a las dos organizaciones. Dos años más tarde, el grupo se asoció con el movimiento Make Poverty History y apareció en una de sus campañas. Coldplay también subastó importantes objetos de recuerdo para Kids Company en 2009, como la primera guitarra de Martin, el globo terráqueo de la portada del álbum *Parachutes* (2000) y los trajes que lucieron en la gira Viva la Vida Tour (2008-10). Además, posteriormente se convirtieron en mecenas de ClientEarth.

La banda interpretó una versión modificada de "A Message" (titulada "A Message 2010") en *Hope for Haiti Now*, un telemaratón que recaudó fondos para las víctimas del terremoto de Haití de 2010. Berryman ha comentado que "se puede concienciar a la gente sobre los problemas. No supone mucho esfuerzo para nosotros en absoluto, si puede ayudar a la gente, entonces queremos hacerlo". En 2012, Album Artists montó una exposición con obras de arte de *Mylo Xyloto* (2011) en Camden, recaudando 610.000 libras para Kids Company. Martin se unió a Band Aid por segunda vez en 2014, cantando junto a actos británicos e irlandeses en una nueva versión de "Do They Know It's Christmas?" centrada en la ayuda a la crisis del ébola en África Occidental. En 2017, Coldplay hizo una donación de valor no revelado al Centro de Inmunología del Cáncer de la Universidad de Southampton, el primer centro dedicado a la investigación de la inmunología del cáncer en el Reino Unido, que reúne bajo un mismo techo a "científicos del cáncer líderes en el mundo".

Coldplay también ha contribuido al *álbum Océanos de Plástico* del Proyecto de Artistas Tierra, el disco fue lanzado el 20 de febrero de 2018 en la Cumbre de la Crisis de los Plásticos Oceánicos en Londres, concienciando y recaudando fondos para contrarrestar la contaminación por plástico. Bajo el seudónimo de Los Unidades, la banda puso a la venta el mismo año *Global Citizen - EP 1*, cuyos derechos de autor se destinaron a los esfuerzos de la organización por la educación y la defensa del fin de la pobreza extrema. En 2020, estrenaron un vídeo musical para "Trouble in Town", inspirado en *Rebelión en la granja* (1944) de George Orwell, y donaron todos los beneficios del streaming y de la publicación al Proyecto

Inocencia y al Plan de alimentación para niños africanos. Coldplay también declaró su apoyo al proyecto Ocean Cleanup, patrocinando dos embarcaciones que recogen el plástico de los ríos contaminados antes de que llegue al mar en Malasia. Como parte de sus esfuerzos por hacer las giras más sostenibles, la banda se asoció con One Tree Planted y financió un árbol por cada entrada vendida durante Music of the Spheres World Tour (2022-24) a través de un acuerdo de reforestación global. Según un informe publicado por *The Times*, donaron más de 2,1 millones de libras a causas medioambientales a través de su Fundación J Van Mars durante 2021.

Política y activismo

La banda se ha manifestado a favor del comercio justo, apoyando la campaña Make Trade Fair de Oxfam mediante la recogida de más de 70.000 firmas para su petición "Big Noise" en las giras A Rush of Blood to the Head Tour (2002-03) y Twisted Logic Tour (2005-07). Martin, que vive en Estados Unidos, se pronunció en contra de la invasión de Irak en 2003, dirigida por su país junto con otras fuerzas militares, durante un espectáculo del Teenage Cancer Trust en el Royal Albert Hall, animando a la multitud a "cantar contra la guerra". También ha apoyado a los candidatos presidenciales demócratas John Kerry y Barack Obama en 2004 y 2008, respectivamente. Además, Coldplay es conocido por participar en los Lunes sin carne, una campaña lanzada por Paul McCartney que intenta ayudar a frenar el cambio climático celebrando al menos un día sin carne a la semana. En 2011, apoyaron la canción "Freedom for Palestine" publicando un enlace al vídeo musical en sus redes sociales y recibieron más de 12.000 comentarios de acuerdo o en desacuerdo con el mensaje. Algunos fans amenazaron con boicotear a la banda y exigieron una disculpa a Israel. La publicación fue eliminada posteriormente por Facebook después de que numerosas personas y mensajes generados por ordenador la denunciaran como "abusiva".

Coldplay también ha apoyado a la comunidad LGBTQ, desatando la polémica con su actuación en el *espectáculo de medio tiempo de la Super Bowl 50*. La banda fue acusada por los conservadores de promover una "agenda gay" al final, cuando se voltearon pancartas con los colores del arco iris para formar la frase "Believe in Love" (Cree en el amor). La revista estadounidense *The Advocate* lo clasificó entre los momentos LGBTQ más memorables del evento. En 2016, se mostró a favor de "Vote Remain" en el referéndum sobre la pertenencia del Reino Unido a la Unión Europea. Tras el Brexit, Martin declaró que "la decisión no nos representa ni a nosotros ni a la mayoría de nuestra generación y de la generación que nos sigue". Un año más tarde, el grupo apareció en One Love Manchester, un concierto benéfico organizado por Ariana Grande en respuesta al atentado del Manchester Arena que recaudó fondos para ayudar a las víctimas del ataque. Coldplay también fueron invitados especiales en Concert for Charlottesville, un espectáculo centrado en ayudar a las víctimas de la manifestación Unite the Right. En 2019, la banda publicó *Everyday Life, en* el que expresaron de forma más destacada su postura contra el racismo, la brutalidad policial y la violencia armada. Dos años más tarde, estuvieron entre los artistas que firmaron una carta pública de apoyo a la Ley de

Igualdad. En 2023, el Partido Islámico de Malasia intentó cancelar el concierto del grupo en el Estadio Nacional Bukit Jalil, ya que Martin suele ondear la bandera arco iris mientras actúa.

Avales

A pesar de su popularidad mundial, Coldplay se han mantenido notoriamente protectores de cómo aparece su material en los medios de comunicación. La banda permite que las canciones se utilicen en programas de televisión y películas con regularidad, pero la mayoría de los anuncios publicitarios están prohibidos. En 2002, *NME* informó de que rechazaron más de 85 millones de dólares en contratos de empresas como Gatorade, Diet Coke y Gap. Martin declaró: "No podríamos vivir con nosotros mismos si vendiéramos así el significado de las canciones". La primera vez que se utilizó una de sus canciones para anuncios fue con "Viva la Vida" en 2008, el grupo firmó un acuerdo con Apple para promocionar la disponibilidad exclusiva del single en iTunes Store. En 2010, Martin apareció en el evento especial anual de la compañía. Tras la muerte de Steve Jobs, Coldplay actuó en su funeral en el Campus de Apple, agradeciendo póstumamente su apoyo.

Seis años después, participaron en un anuncio de Target que promocionaba la exclusiva edición de lujo de *Ghost Stories* (2014). Mientras tanto, el vídeo musical de "Adventure of a Lifetime", que fue dirigido por Mat Whitecross y grabado en The Imaginarium, contaba con un product placement de Beats. A la compañía se le permitió utilizar algunas partes del vídeo en sus anuncios como contrapartida por cubrir el presupuesto. En 2018, el director Jon M. Chu reveló que envió una carta directamente a la banda exponiendo todas sus razones para conseguir un permiso para utilizar "Yellow" en *Crazy Rich Asians*. Después de que se lo concedieran, también se encargó una versión en chino del tema.

En 2021, Coldplay anunció una importante asociación con la multinacional alemana BMW como parte de sus esfuerzos por hacer que las giras sean lo más sostenibles posible. Comentaron que la tecnología de la empresa, que incluye las primeras baterías de coche reciclables del mundo, es capaz de alimentar las actuaciones en directo casi por completo con energía renovable. Como parte del acuerdo, la banda contribuyó en la comercialización de dos coches eléctricos de la empresa y permitió que "Higher Power" se utilizara en anuncios publicitarios. En 2022, DHL se convirtió en el socio de transporte de Coldplay para la gira mundial Music of the Spheres (2022-24) con el fin de reducir el impacto logístico de los espectáculos y evitar el uso de combustibles fósiles.

Miembros de la banda

- Chris Martin - voz principal, teclados, piano, guitarra rítmica, armónica

- Jonny Buckland - guitarra solista, coros, teclados

- Guy Berryman - bajo, coros, teclados, sintetizadores, percusión
- Will Champion - batería, coros, teclados, piano, percusión
- Phil Harvey - gerente (1998-2002), director creativo (2006-presente)

Discografía

- *Paracaídas* (2000)
- *Un chorro de sangre en la cabeza* (2002)
- *X&Y* (2005)
- *Viva la vida o la muerte y todos sus amigos* (2008)
- *Mylo Xyloto* (2011)
- *Historias de fantasmas* (2014)
- *Una cabeza llena de sueños* (2015)
- *La vida cotidiana* (2019)
- *La música de las esferas* (2021)

Filmografía

- *Cómo vimos el mundo* (2006)
- *Coldplay: A Head Full of Dreams* (2018)

- *La vida cotidiana - En directo en Jordania* (2019)
- *Coldplay: Reimagined* (2020)
- *En directo en River Plate* (2023)

Visitas

- Gira en paracaídas (2000-2001)
- Gira A Rush of Blood to the Head (2002-2003)
- Gira Twisted Logic (2005-2007)
- Gira Viva la Vida (2008-2010)
- Gira Mylo Xyloto (2011-2012)
- Gira de historias de fantasmas (2014)
- Gira Una cabeza llena de sueños (2016-2017)
- Gira Mundial de la Música de las Esferas (2022-2024)

Otros libros de United Library

https://campsite.bio/unitedlibrary

9 789464 900415